[illegible]

[illegible] Superieure de l'[illegible]

MOUVEMENT

CONFÉRENCE N° 4

1930

[illegible] diverses

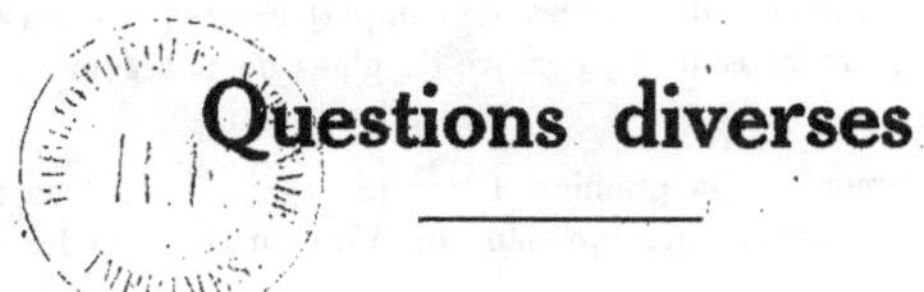

Questions diverses

Si vous voulez bien vous reporter au début de ma première conférence et à la description que je vous y ai faite des fonctions des 4 premiers Bureaux du Mouvement, vous constaterez que nous avons traité la plus grande partie, compte tenu de leur importance, des questions présentant pour vous un intérêt pratique :

1er Bureau. — Roulements de voitures, mouvements extraordinaires, Répartition G. V.

2e Bureau. — Répartition P. V.

3e Bureau. — Règles d'échange, wagons de nationalité étrangère, wagons spéciaux français, utilisation des trains P. V.

Je terminerai cette série de conférences par quelques courtes études relatives aux autres opérations de ces Bureaux.

I. — Désignation et numérotage des Voitures et Wagons.

(Question commune aux 4 Bureaux)

Les Réseaux français ont adopté des règles uniformes pour la désignation et le numérotage des voitures et wagons.

Les modifications sont actuellement presque entièrement terminées.

Le nouveau système est exposé dans l'Ordre de Service 499 complété par une annexe intitulée *Règles uniformes pour la désignation et le numérotage des Voitures ou Wagons*. Cette annexe se compose de deux parties.

A. — Désignation.

1° Lettres de série des véhicules de grande vitesse (1).

2° Lettres de série des véhicules de petite vitesse (1).

(1) Vu l'importance du nombre des lettres de séries des véhicules et des indices, prière se reporter à l'annexe elle-même.

3° Observations générales expliquant la signification :

— des chiffres en exposant « nombre de compartiments (pour les voitures), nombre de stalles (pour les écuries), nombre de plans de chargement (pour les laitiers) » ;

— du dédoublement de la première lettre (chargement égal ou supérieur à 20 tonnes pour les wagons à deux essieux ou à 40 tonnes pour les wagons à boggies) ;

— des lettres indices et indiquant la disposition des inscriptions.

B. — **Numérotage.**

L'intérêt de la nouvelle méthode réside dans ce fait que, pour les véhicules P. V. sauf les fourgons et les wagons spéciaux, il a été admis, pour l'ensemble des 7 grands Réseaux, trois séries de numérotage correspondant chacun à une catégorie de véhicules (couverts, tombereaux, plats). De plus, on a affecté à chaque réseau une tranche de numéros dans chaque série.

De cette façon, la seule connaissance du numéro d'un wagon ordinaire, couvert, tombereau ou plat, permet de savoir exactement à quel réseau il appartient. De plus, il n'existe pas sur un même réseau deux wagons ordinaires (couvert, tombereau, plat) portant le même numéro.

Pour les véhicules G. V., pour les fourgons P. V. et pour les wagons spéciaux, on a admis une seule série de numéros pour chaque réseau par tranches affectées aux diverses catégories de véhicules.

II. — Revue illustrée des Chemins de fer de l'Etat.

(1er Bureau)

La *Revue Illustrée des Chemins de fer de l'Etat* est une publication mensuelle éditée par M. Mayeux, lequel est lié avec les Chemins de fer de l'Etat par une convention.

Cette Revue comporte un texte relatif à des questions touristiques intéressant particulièrement les régions desservies par notre Réseau, ce qui explique l'intérêt que notre Direction a trouvé à la propager. Elle est complétée par une partie « Réclame », qui concerne également des industries et des commerces établis dans des localités traversées par nos lignes.

La Revue est déposée dans les compartiments de 1re et de 2e classes de trains rapides et express (choisis généralement parmi ceux de jour) désignés par un tableau annexe à l'Instruction publiée par notre 1er Bureau.

L'Instruction précitée prévoit deux catégories de gares :

1° « Gares désignées », qui sont seules responsables du garnissage des compartiments et de leur maintien à l'état complet ;

2° Gares non désignées, dont le rôle se borne à faire suivre les roulements prévus aux voitures telles qu'elles les ont reçus des gares désignées.

Au commencement de chaque mois, les gares désignées sont pourvues d'office par le Service de la Publicité des quantités de Revues nécessaires pour premier approvisionnement et pour réserve.

En cas d'épuisement de ces réserves, les dites gares en demandent directement au Service de la Publicité, à qui elles envoient en fin de chaque mois les Revues périmées.

Les gares des deux catégories doivent enlever les revues des voitures retirées par elles des compositions parce qu'avariées ou parce que reçues en forcement et inutiles au retour. Les gares non désignées envoient les articles ainsi récupérés à la plus proche des gares désignées.

Dans toutes ces gares, une consigne doit préciser les conditions d'exécution du service et désigner un agent *gradé* responsable.

Les surveillants de voitures ont pour mission de veiller en cours de route à la régularité du garnissage et de signaler les irrégularités qu'ils constatent.

III. — Exécution des Transports de Ballast du Service de la Voie.

(2e Bureau)

Il ne s'agit pas des wagons isolés ou par petits lots, qui sont remis aux trains de l'Exploitation et sont traités suivant les règles ordinaires, avec cette seule différence qu'ils sont accompagnés d'une réquisition.

Il n'est pas question non plus de wagons appartenant au service de la Voie ou loués par lui à des entrepreneurs, wagons qui ne doivent, en principe, être employés que pour des transports par train de service (trains de ballast ou de matériaux) et qui donnent lieu du reste à l'accomplissement de nombreuses formalités tant pour leur admission dans ces trains que pour celle, exceptionnelle, dans les trains de l'Exploitation (Voir à ce point de vue l'Ordre de Service n° 213, art. 2 à 28).

Il s'agit des transports par trains complets d'une carrière en un point de déchargement plus ou moins lointain, transports qui sont effectués dans des wagons de l'Exploitation.

L'Ordre Général 573 règle les conditions dans lesquelles sont facturés au Service de la Voie les machines, leurs combustibles, leur graissage, leur personnel (conduite et, éventuellement, garde), le personnel des trains, le droit de péage.

Jusqu'en 1926, la plupart des transports de ballast entre les carrières et les lieux d'emploi étaient effectués à l'aide de wagons loués à longs termes au service de la Voie (1) ; ces véhicules revenaient à vide de leur point de déchargement à la carrière.

Cette méthode présentait certains inconvénients : tout d'abord, il pouvait se trouver du matériel disponible dans le voisinage de la carrière ; ensuite, il en résultait parfois des croisements de vides suivant les ordres de répartition en vue des besoins commerciaux ; enfin, les trains de retour présentaient des creux considérables, quand il n'y avait pas possibilité de les compléter commercialement. Par contre, les transports en question étaient assurés avec une grande régularité.

Dans le but d'éviter les inconvénients précités, nous avons tenté de fournir sur place le matériel constitutif des rames au départ des carrières, comme s'il s'agissait de transports commerciaux, ce matériel étant ensuite remis dans le courant de la circulation aussitôt déchargé.

Le service de la Voie économisait, dans la nouvelle méthode, de grands frais de trains et de location de matériel (car le matériel continuait à être loué). Mais la pratique a révélé des irrégularités de fourniture entraînant des discontinuités fâcheuses dans l'alimentation des chantiers de renouvellement. Nous avons dû, pour cette raison, revenir au passé dans une certaine mesure et nous utilisons actuellement, selon les carrières, les procédés ancien ou nouveau.

Nous fournissons, en principe, des wagons plats de 20 tonnes ayant au moins 0 m. 40 de hauteur de bords ou des wagons de 30 tonnes, quand il s'en trouve de disponibles. Une proportion de freins est à observer.

Les wagons loués doivent être nettoyés et visités avant remise.

Ils font l'objet de procès-verbal Mod. 233 (Voie) lors de leur livraison et de leur restitution. Les états sont envoyés à notre 4e Bureau pour imputation à la voie.

Au point de vue répartition intérieure du Réseau, ces wagons sont retirés des effectifs des R. R. pendant le temps de leur location.

Les chargements des carrières pour le compte du Service de la Voie sont indiqués à part par les gares intéressées sur leurs états Mod. 118. Quand elles n'en établissent pas un normalement, elles en créent un spécial pour les fournitures de cette nature.

Les trains d'évolution font partie de programmes établis avec soin et contrôlés pour leur application rigoureuse.

Je rappelle en terminant que les frais de stationnement dus par le Service de la Voie (les Services du Réseau plus généralement) s'élèvent à fr. 4.50 (plus majoration, mais sans impôt) par jour.

---

(1) Les prix de location au Service de la Voie sont actuellement de 3 fr. 50 pour les plats, 4 francs pour les tombereaux, 5 francs pour les couverts ou fourgons.

Il va de soi que les wagons loués par la Voie ne paient pas de taxes de stationnement pendant la durée de la location.

IV. — Conditionnement des Chargements.

(2e Bureau)

L'Ordre de Service 526 traite du conditionnement des chargements en trafic international (il est extrait du règlement pour l'emploi réciproque des wagons en trafic international (R. I. V.).

Je ne puis que vous prier de vous y reporter, ainsi qu'aux **Règles communes concernant le conditionnement des chargements échangés entre Réseaux Français,** livret dont les diverses parties se vendent en fascicules séparés au commerce à des prix réduits.

L'importance de la question ne saurait vous échapper, notamment au point de vue sécurité.

Je fais remarquer que le livret ci-dessus n'a pas abrogé d'office les règles antérieures existant sur les anciens Réseaux Etat et Ouest. Ces règles, sauf indication spéciale, restent donc valables *mais en trafic intérieur seulement*, quand elles sont plus larges que celles du livret. Celles du livret sont, par contre, applicables en trafic intérieur, lorsqu'elles sont plus larges que les règles antérieures.

V. — Programmes de trains complets.

(3e Bureau)

Il n'est pas dans mes attributions de vous développer le Tarif spécial P. V. 29-129, Chap. XIII, en confirmité duquel sont effectués les transports par trains complets.

Je vous dirai seulement que le 3e Bureau est particulièrement chargé, soit sur la demande des gares, soit qu'il en ait été saisi par la Division des Tarifs, d'étudier en accord les programmes au point de vue de l'application de l'alinéa ainsi conçu :

« Sur la demande des expéditeurs, adressée à la gare de départ, le Réseau « indiquera les conditions auxquelles sont subordonnées pour chaque relation « les avantages accordés aux transports par trains complets (conditions relatives « au tonnage, au freinage, au type de matériel employé, etc...) »

VI. — Unités de trains et unités de véhicules.

(3e Bureau)

Je vous ai dit que notre 3e Bureau s'occupait des questions de communauté basées sur les Unités de Trafic.

Sans m'étendre sur le vaste projet des règles de communauté, qui ressort plus spécialement de la Division de la Comptabilité et du Contrôle des Dépenses, je me bornerai à vous dire que les gares communes à plusieurs réseaux ayant des dépenses communes, il a fallu tout naturellement établir des bases de répartition de ces frais.

Elles font l'objet d'un fascicule « Bases à adopter pour le règlement des comptes ». Très rapidement, je vous citerai les principaux modes adoptés.

Redevances forfaitaires ;

Proportions fixes ;

Unités de trafic local ou local et de transit ;

Unités de trains ;

Unités de véhicules.

Le 3e Bureau ne s'occupe que des deux derniers et il fournit à leur sujet à la Division de la Comptabilité et du Contrôle des Dépenses, chargée du règlement, tous les renseignements utiles établis par lui et vérifiés par les autres Réseaux ou provenant des autres Réseaux et vérifiés par lui.

VII. — Agrès.

(2e ET 3e BUREAUX)

Je commence par vous rappeler très brièvement les dispositions des Tarifs commentés par l'Ordre du Jour vert No 2 de 1926 et relatif à la réglementation du mode de transport et de bâchage des marchandises transportées en petite vitesse.

Les marchandises sont à charger soit à couvert, soit à découvert.

— Dans le premier cas, le chemin de fer a le droit de fournir, soit des wagons couverts, soit des wagons découverts avec bâches.

La fourniture de ces dernières, non seulement est gratuite, mais encore donne lieu au paiement d'une redevance à l'expéditeur « sauf dans le cas où ce dernier a demandé expressément par écrit un wagon découvert bâché (exemple : cas des fourrages) ».

Les marchandises à charger à couvert ne portent aucun indice à la table des marchandises. Celles qui, bâchées, ne donnent droit à aucune redevance, sont indiquées par l'indice Y.

— Dans le deuxième cas (marchandise à transporter à découvert), le chemin de fer n'est tenu de fournir que des wagons découverts.

Le bâchage est facultatif.

Les bâches peuvent être fournies soit exclusivement par l'expéditeur (indice A²) (1), soit moyennant taxe (Ch. XIV du Tarif P. V. 29-129), par le chemin de fer (indice A¹), soit sans taxe par le chemin de fer (indice A¹ X).

Le bâchage et le débâchage doivent toujours être faits par les soins et aux frais des expéditeurs et destinataires lorsque, bien entendu, la manutention de la marchandise leur incombe (2)

Je vais maintenant vous parler de l'utilisation de la circulation et de la comptabilité des agrès (bâches, prolonges, chaînes, cales), question traitée en détail par l'Ordre de Service N° 520).

Utilisation.

1° **Bâches.** — Les bâches Etat peuvent être utilisées par nos gares à destination de n'importe quel réseau français ou étranger.

Les bâches des réseaux français autres que l'Etat ne peuvent être utilisées qu'à destination du Réseau propriétaire, soit par la gare qui les a reçues sur chargement, soit par une gare voisine, dans un rayon de 50 kilomètres ; à défaut de cette possibilité, elles doivent être rapatriés (pliées, numéro apparent) exclusivement sur une des gares désignées pour chacun des Réseaux (de même, les bâches qui nous sont restituées H. L. P. par les autres Réseaux ne peuvent l'être que sur certaines gares Etat désignées).

Les bâches de nationalité étrangère ne peuvent être utilisées en retour qu'à destination du Réseau propriétaire de ces agrès et ce, seulement par la gare qui les a reçues sur chargement. Si ce remploi est impossible, elles doivent être expédiées H. L. P. immédiatement à la gare frontière de sortie de France la plus proche, pliées, numéro apparent, étiquetées.

2° **Prolonges, chaînes et cales.** — Les prolonges, chaînes et cales à crampons françaises sont banalisées et peuvent être utilisées pour n'importe quelles destinations.

Les prolonges et chaînes de nationalité étrangère doivent être traitées comme les bâches de nationalité étrangère.

Circulation.

En trafic français, les agrès mobiles utilisés sur des chargements doivent être portés sur les feuilles de chargement.

Les bâches expédiées H. L. P. en rapatriement doivent faire l'objet d'une

---

(1) Moyennant taxe spéciale de 10 francs plus 0 fr. 05 par kilomètre, avec minimum de 15 francs, le Réseau se charge de louer aux particuliers des bâches pour effectuer des transports indice A². Les locations sont faites au voyage et doivent être autorisées par le Service Central qui fait établir un contrat avec le demandeur.

(2) Je vous rappelle que des instructions ultérieures ont annulé la partie de la réglementation, qui avait essayé d'imposer au destinataire le pliage des bâches provenant des wagons déchargés par lui.

expédition régulière en détail P. V. et être accompagnées d'une feuille de chargement.

En trafic international, les agrès doivent être accompagnés à l'aller et au retour d'un bulletin Mod. 134 créé par la gare expéditrice et mentionné sur la feuille de chargement auquel il est joint.

En conséquence de ce qui précède, les agrès de nationalité étrangère reçus sur des chargements doivent être accompagnés d'un bulletin Mod. 134, dont les gares destinataires doivent soigneusement remplir les blancs en y indiquant notamment la date d'arrivée du wagon transporteur et les manquants.

Lorsque les bulletins 134 font défaut, on doit en créer d'office.

Les bulletins 134 des agrès de nationalité étrangère en retour sont joints aux écritures de rapatriement H. L. P. (expéditions régulières de détail P. V., le numéro du bulletin 134 étant inscrit sur la feuille de chargement) ou joints à la feuille de chargement du transport, si les agrès sont utilisés en retour.

Comptabilité.

Les règles qui vont suivre ont un double but : mesure d'ordre en ce qui concerne les bâches (que les réseaux se restituent) et établissement des comptes d'échange, en ce qui concerne les prolonges, chaînes et cales françaises, qui sont banalisées et dont la compensation est établie par un organisme central, « La Conférence des Parcours », dont je vous ai parlé précédemment.

Carnet 135. — Sur ce carnet, établi par quinzaine au moyen du décalque (original pour le 3e Bureau par l'intermédiaire de l'Arrondissement — décalque pour la gare), sont inscrits au jour le jour tous les mouvements d'agrès mobiles ou fixes, français ou étrangers (1).

Cet état d'ensemble est complété par :

L'*Etat 136* pour les prolonges, chaînes et cales à crampons.

Sur cet état, établi par quinzaine au moyen du décalque (comme 1° 133), les gares relèvent par journées :

a) Par réseaux français destinataires, les nombres totaux utilisés sur chargement ou expédiés H. L. P. ;

b) Les nombres globaux reçus sur chargement ou H. L. P.

Les envois à destination d'une gare commune sont imputés au réseau gérant. Ceux pour l'étranger sont imputés au Réseau frontière de sortie.

— Deux remarques à faire au sujet des prolonges et chaînes fixes, d'une part, et des cales à crampons, d'autre part.

---

(1) Certaines grandes gares sont autorisées à n'indiquer que par le chiffre global les mouvements des bâches Etat sur Etat.

Pour ce qui est des prolonges et chaînes fixes, elles doivent être imputées au réseau auquel appartient la gare destinataire (au réseau gérant, si cette gare destinataire est une gare commune), lorsqu'elles se trouvent (utilisées ou non) sur un wagon chargé.

Elles doivent être imputées à l'Etat, si elles se trouvent sur un wagon vide destiné à une gare Etat (ou commune gérée par l'Etat).

Pour ce qui est des cales à crampons :

a) Pour les marchandises chargées dans des wagons complets, c'est le Réseau destinataire du wagon qui doit être débité (le Réseau gérant, si le wagon est pour une gare commune) ;

b) Pour les marchandises chargées en wagons de détail, si le wagon transporteur est à destination d'une gare appartenant à un autre Réseau (ou commune gérée par un autre Réseau), c'est le Réseau destinataire qui doit être débité.

Si le wagon transporteur est à destination d'une gare Etat (ou commune gérée par l'Etat), les cales doivent être portées comme étant à destination du Réseau Etat, même si la marchandise doit continuer sur un autre Réseau.

Dans ce cas, la gare de transbordement, qui reçoit le wagon de détail, devient gare expéditrice des marchandises dégroupées et se conforme aux règles précédentes pour débiter le Réseau destinataire du wagon qu'elle confectionne (Réseau gérant dans le cas de gare commune).

2° *L'Etat 138.* — Sur cet état, établi par quinzaine au moyen du décalque (comme le 135), les gares relèvent par journée :

a) Par Réseau français destinataire, les nombres de bâches françaises expédiées (en distinguant bâches de ce Réseau, bâches Etat, autres bâches).

b) Les bâches de chaque Réseau reçues.

Les bâches françaises utilisées à destination d'une gare commune sont imputées au Réseau gérant. Les bâches Etat destinées à l'étranger sont imputées au Réseau frontière de sortie.

3° *L'Etat 137.* — Cet état n'est fait que par les gares de transit entre Réseaux français.

Etabli par quinzaine au moyen du décalque (original au Service Central du Réseau gérant — décalque au Service Central non gérant), cet état contient les prolonges et chaînes fixes passées à l'échange sur des wagons vides.

Lorsqu'un wagon transite par la Ceinture, c'est la gare d'entrée sur la Ceinture qui débite par 137 le Réseau destinataire.

— Les Arrondissements récapitulent par gares sur un *état 139* les états 136 des gares et sur un *état 140* les états 138 des gares.

Ils envoient les états 139 et 140 au 3e Bureau.

Ce dernier, en possession des divers états précités, établit ceux qu'il fournit à la Conférence des Parcours.

— J'appelle votre attention d'une façon toute particulière, sur l'intérêt considérable qu'il y a à établir exactement la comptabilité des prolonges, chaînes et cales, surtout en ce qui concerne les échanges avec les autres Réseaux, car tout agrès de ce genre qui n'est pas imputé aux autres Réseaux est perdu pour le nôtre et nous oblige à le remplacer par la fourniture d'un agrès neuf.

Les prolonges (nous n'achetons pas de chaînes) et cales sont achetées dans le Commerce par le Service des Approvisionnements, qui passe des marchés en conformité des commandes que notre Service Central lui adresse.

Les erreurs, pour regrettables qu'elles soient, n'ont pas la même importance en ce qui concerne les bâches, puisque, ainsi que je vous l'ai déjà exposé, ces agrès appartiennent en propre aux Réseaux et portent leur marque.

Je vais m'arrêter quelques instants sur les conditions dans lesquelles nous les approvisionnons.

VIII. — Traités avec la Société Anonyme des Anciens Établissements Cauvin-Yvose (S. A. C. Y.)

(4e Bureau)

Le Réseau utilise deux sortes de bâches :

Les bâches de wagons ;

Les bâches de gares (1).

Bâches de wagons. — Les bâches de wagons ont toutes 40 mètres carrés de surface.

Elles sont composées de toile de lin enduite d'un mélange d'huile de lin et de noir de fumée.

Le Réseau possède 5200 bâches et loue les autres qui lui sont nécessaires.

Tant pour la conservation, l'entretien et le renouvellement de celles qui lui appartiennent que pour la location, l'entretien et le renouvellement des autres, le Réseau est lié à la Société Anonyme des Anciens Etablissements Cauvin-Yvose (S. A. C. Y.) par un traité, dont je vais vous exposer les principaux points.

La S. A. C. Y. possède trois ateliers d'entretien et de réparation, à Batignolles (gare) — Niort (gare) — Nantes (ville).

A côté de chacun de ces ateliers de la S. A. C. Y., fonctionne un préposé du Réseau, agent de liaison entre la S. A. C. Y. et nous.

---

(1) Je laisse de côté les bâches nécessaires au service de factage et du camionnage (pour flèches, camions, omnibus, automobiles, fourgons), agrès qui sont également fournis par la S.A.C.Y. suivant traité.

Les bâches possèdent un numéro d'ordre peint en blanc, le seul qu'aient à connaître les gares pour leur comptabilité.

Elles possèdent également un numéro matricule marqué au fil et qui concerne la S. A. C. Y.

Sous réserve d'un minimum (pour lequel il paie, même s'il possède en location un nombre inférieur de bâches), le Réseau demande à la S. A. C. Y. de lui fournir en augmentation les bâches dont il peut avoir besoin en plus de celles déjà en service ou de reprendre dans ses magasins celles en service, dont il n'a plus l'emploi.

Des modalités prévoient les conditions de délais et de quantités, dans lesquelles doivent se faire les fournitures ou les restitutions.

Les bâches louées paient un prix de location — entretien, renouvellement (par mètre carré et par mois), qui varie annuellement, suivant les cours de la toile et de l'huile.

Les bâches qui nous appartiennent paient un prix d'entretien — renouvellement — qui est un peu moins élevé que le précédent. (Leur conservation est gratuite.)

L'entretien comprend le remplacement des morceaux manquants, lorsque leur surface est inférieure à 4 mètres carrés (1/10e).

Lorsque le manquant est supérieur à ce dixième, le remplacement de la partie manquante se fait suivant un prix déterminé au mètre carré et variable dans les mêmes conditions que le précédent.

Il nous est tenu compte des morceaux que nous versons à la S. A. C. Y.

Les bâches perdues (c'est-à-dire qui n'ont pas reparu à l'entretien depuis plus de 18 mois) sont payées à l'Entreprise, qui nous les rembourse d'ailleurs, si elles viennent à être retrouvées ultérieurement.

Les transports de bâches d'un Magasin à l'autre de la S. A. C. Y pour le compte de cette maison, se font gratuitement, sauf frais de timbre et d'enregistrement que doit payer la S. A. C. Y.

Les transports de matières premières sont faits au tarif commercial au compte de la S. A. C. Y.

La S. A. C. Y. prend à sa charge la moitié des indemnités payées pour mouille.

Bâches de gare. — Les bâches de gare sont en toile verte imperméable. Elles sont de deux espèces :

Les bâches de quai, de 20 mètres carrés de surface, et les bâches de chariots de 6 mètres carrés.

Elles possèdent également un numéro d'ordre et un numéro matricule.

La S. A. C. Y. doit remplacer par des bâches en bon état celles qui sont usagées.

Il lui est alloué par mois une somme fixée par le traité pour la location et l'entretien des bâches en service.

Le Réseau paie les bâches perdues, c'est-à-dire disparues depuis au moins deux mois.

Elles sont remboursées, si elles viennent à reparaître.

IX. — Traités avec les Compagnies secondaires.

(3e et 4e Bureaux)

Je ne m'étendrai pas sur ces traités qui sont très nombreux et assez divers, qu'il s'agisse de nos relations avec les Compagnies secondaires à voie normale (3e Bureau) ou à voie étroite (4e Bureau).

Ces traités, auxquels vous aurez à vous reporter, lorsque vous aurez des rapports avec des gares communes avec les dites Compagnies, prévoient, en particulier, en ce qui concerne le matériel (wagons et agrès), les conditions (délais et prix) de fourniture réciproque de wagons, soit en pénétration (voie normale,) soit pour le transbordement (voie étroite).

Les gares communes établissent des états qu'elles envoient au Service Central pour permettre à ce dernier l'établissement des factures.

X. — Location de Wagons.

(4e Bureau)

1° **Aux différents Services.** — Le Réseau leur loue des wagons en conformité de l'Ordre Général 573.

Les taux journaliers de location sont actuellement de :

francs 3.50 par wagon plat ;
francs 4. » par wagon tombereau ;
francs 5. » par wagon couvert

Il loue également au Service de la Voie des wagons couverts destinés à servir de couchage à ses ouvriers ou à ceux d'entreprises travaillant pour lui. Le prix journalier de location de ces wagons est exceptionnellement de 2 fr. 50.

2° **Aux entrepreneurs.** — Cette location a lieu en vertu du cahier des charges du Service de la Voie. Elle est fixée par jour à :

francs 5. » par wagon de 10 tonnes
francs 6.50 par wagon de 20 tonnes
francs 8. » par wagon de 30 tonnes

3° **Au commerce.** — Le Réseau fait divers genres de location de cette nature.

a) Location de wagons à longs terme en vue d'aménagements spéciaux industriels (wagons couverts pour transports de denrées — wagons plats pour agencement de bennes en vue du transport de minerais, etc...)

Les prix sont variables ; ils résultent d'ententes particulières.

— Location de citernes T. P., wagons que le Réseau a reçus d'office à la fin des hostilités et dont il n'a qu'un emploi réduit pour les Services Voie et Traction.

b) Location en conformité des Tarifs.

Je citerai le système « à l'unité » pour l'application du § B. section 2e du P. V. 29. Chapitre IX (ancien Réseau Etat), la location au tonnage pour l'application de la section 3e du P. V. 29. Chapitre IX (ancien Réseau Etat) ou l'application du § 3 du P. V. 29. Chapitre IX (ancien Réseau Ouest).

Ce dernier genre de location à la tonne est fait en conformité d'instructions émanant de la Division des Tarifs.

— Les locations de wagons (sauf celle résultant de *b*) donnent lieu à établissement de procès-verbaux de livraison et de restitution, sur le vu desquels le 4e Bureau établit les factures.

XI. — Chargements exceptionnels.

(4e Bureau)

Lorsque le transport de certaines marchandises ne peut se faire dans des conditions normales, notamment parce que leurs dimensions dépassent le gabarit, le Réseau peut néanmoins les accepter fréquemment après étude particulière.

Le 4e Bureau, saisi directement par les expéditeurs ou par les gares, qui lui transmettent les demandes de ces dernières, se livre, d'accord avec les Services de la Voie et de la Traction, à des études, desquelles il ressort souvent que le transport peut être accepté à la condition d'emprunter certains itinéraires ou bien d'utiliser des wagons de conformation particulière.

Le commerce est alors avisé que, s'il veut faire le transport, il aura à revendiquer l'itinéraire déterminé et à subir la taxe consécutive.

Quant à la fourniture des wagons spéciaux, elle est gratuite, quand il s'agit de matériel appartenant au Réseau, mais elle est payante, dans des conditions variables, lorsque le Réseau, ne possédant pas de matériel du type voulu, est obligé d'en louer à d'autres Réseaux.

Les wagons de type particulier, dont je viens de vous parler, sont tous porteurs de cartouche « Wagon Spécial » et des lettres de série :

S. P. | S. sy
S. C. | S. syw
R. R. zyw.

XII. — Garde-Places.

(4e Bureau)

(*Ordres de Service N° 511 et 555*)

Ce Service fonctionne au départ de certaines gares terminus et intermédiaires et dans certains trains désignés.

Après divers essais, le Réseau s'est arrêté à l'emploi des schémas système Toussaint pour l'exécution pratique du service du « garde-places ».

Ces schémas sont composés d'un diagramme, sur lequel toutes les places de la voiture qu'il représente sont numérotées. A ce diagramme sont jointes autant de fois deux étiquettes gommées, reproduisant chacune un de ces numéros, qu'il y a de places dans la voiture envisagée. Tous ces imprimés, diagrammes et étiquettes, sont établis sur du papier de la couleur des billets de la classe à laquelle ils se rapportent, soit jaune pour les premières, vert pour les deuxièmes, brun pour les troisièmes.

Les étiquettes gommées sont groupées par feuilles correspondant chacune à un compartiment ; on a donc, pour le 1er compartiment, une feuille d'étiquettes gommées numérotées de 1 à 6 en 1re classe, de 1 à 8 en 2e et 3e classes ; pour le deuxième compartiment de 7 à 12 en 1re, de 9 à 16 en 2e et 3e classes, etc... Chaque numéro est imprimé sur deux étiquettes séparées par un perforage : l'une destinée à la partie du ticket qui sera introduite dans l'appareil garde-places, l'autre destinée au ticket qui sera remis au voyageur.

Au moment de la demande de location, on annule au diagramme la place demandée par le voyageur. Puis on détache, ensemble, les deux étiquettes correspondant à la place choisie et on les colle dans les cadres ménagés à cet effet sur les deux parties du ticket garde-places à établir. La dimension des étiquettes ayant été calculée pour que les deux parties du ticket puissent être faites en un seul gommage, on doit avoir soin de faire correspondre le perforage qui sépare les deux étiquettes avec celui partageant les deux parties du ticket G. P.

Les étiquettes gommées comportent toujours imprimées à l'avance, les indications suivantes :

Numéro de la place (en chiffres très gras sur celle collée sur le ticket destiné à être introduit dans l'appareil G. P.)

Orientation de la place (seulement sur celle qui sera collée sur le ticket destiné à être introduit dans l'appareil G. P.)

La classe (seulement sur celle remise au voyageur).

Il reste donc à ajouter sur ces étiquettes le numéro de la voiture (le cas échéant (1), le train et la date pour laquelle est faite la location. Ces indications

(1) Voir plus loin « 2e période ».

y sont portées à la main, ainsi que la destination, qui ne doit d'ailleurs être indiquée que sur le ticket à placer dans l'appareil. Il n'est pas utile de reporter sur l'autre étiquette celles des indications qu'on a jugé utile de n'imprimer que sur l'une d'elles (orientation de la place dans un cas, classe dans l'autre cas).

Lorsque l'importance des locations le justifie, les gares sont approvisionnées de schémas, auxquels sont jointes des étiquettes sur lesquelles sont imprimés à l'avance, outre les indications prévues ci-dessus :

La date ;
Le train ;
Le numéro de la voiture.

auxquels ils se rapportent.

Il ne reste donc à inscrire à la main en pareil cas, que la destination sur le ticket à placer dans l'appareil.

On se rend compte que, suivant l'importance des locations, les schémas à mettre en service seront de types différents.

1° **En période normale.** — On utilise des diagrammes passe-partout sur feuille simple, sur lesquels ne sont imprimés ni date, ni numéro de train.

On ne doit ouvrir un schéma pour un train donné qu'autant que des places y sont demandées en location.

On évite ainsi d'utiliser des imprimés pour des trains, dans lesquels il ne sera réservé aucune place.

Pour constituer le schéma, lorsque des places réservées sont demandées dans un train, on utilise donc un diagramme passe-partout, sur lequel on inscrit à ce moment la date et le train où a lieu la location ; on colle à ce diagramme dans la marge qui y est ménagée à cet effet, une feuille d'étiquettes gommées représentant un compartiment (autant que possible le plus central de la voiture) et on commence la location dans ce compartiment.

Si les demandes de places dans ce train dépassent par la suite la valeur d'un compartiment, on ajoute au diagramme la feuille d'étiquettes du compartiment voisin et ainsi de suite suivant les demandes.

Il est bien entendu que, si un voyageur demande une place (un coin par exemple), qui est déjà loué dans le 1er compartiment mis en location, on ne doit pas hésiter, même s'il reste d'autres places dans ce compartiment, à en ouvrir un autre et, pour cela, à joindre au diagramme une 2e feuille d'étiquettes.

Les locations n'affectant jamais, en période normale, une voiture entière de chaque classe, les feuilles d'étiquettes qui sont fournies en plus grand nombre aux gares intéressées, sont celles des deux compartiments les plus voisins de ceux-ci. Il a été prévu de plus dans chaque gare, un stock restreint de feuilles d'étiquettes du 1er compartiment, qui est celui des « Fumeurs » et ne doit être employé que pour marquer les places expressément demandées dans ce compartiment.

2° **En période d'affluence assez importante, mais passagère** (fêtes locales, retour de courtes vacances : Pâques, Noël, Jour de l'An, etc...)

On utilise des schémas passe-partout ne comportant également ni date, ni numéro de train, ni numéro de voiture, mais imprimés sur une chemise double, dans laquelle est broché à l'avance un cahier de feuilles d'étiquettes passe-partout pour tous les compartiments de la voiture. Ces étiquettes peuvent, dans certains cas, comporter à l'avance le numéro du train, mais jamais la date.

3° **En période d'affluence exceptionnelle.** — (Notamment dans les Stations Balnéaires.)

On utilise des schémas entièrement prêts à l'avance, établis sur chemise double et dont les étiquettes comportent, comme il a été prévu plus haut, le numéro de la voiture, la date et le numéro du train envisagé.

— Les prix des garde-places sont actuellement de :

5 fr. 65 en 1re classe avec maximum de 22 fr. 55..	Pour la location d'un compartiment à occuper en entier par les Membres d'une même famille.
4 fr. 50 en 2e classe avec maximum de 20 fr. 25..	
2 fr. 70 en 3e classe avec maximum de 13 fr. 50..	

Pour certains trains particuliers : 324 et 325 Trouville ; 593 Saint-Brieuc, ces prix sont de :

8 fr. 35 en 1re classe
6 fr. 55 en 2e classe

www.ingramcontent.com/pod-product-compliance
Lightning Source LLC
LaVergne TN
LVHW050512160826
845677LV00003B/1092

* 9 7 8 2 3 2 9 6 1 8 9 1 3 *